Lucky Luke

La Diligence

DESSIN : MORRIS
SCÉNARIO : GOSCINNY

SÉRIE LUCKY LUKE
AUX ÉDITIONS DUPUIS

- LA MINE D'OR DE DICK DIGGER
- RODÉO
- ARIZONA
- SOUS LE CIEL DE L'OUEST
- LUCKY LUKE CONTRE PAT POKER
- HORS-LA-LOI
- L'ÉLIXIR DU DOCTEUR DOXEY
- PHIL DEFER
- DES RAILS SUR LA PRAIRIE
- ALERTE AUX PIEDS-BLEUS
- LUCKY LUKE CONTRE JOSS JAMON
- LES COUSINS DALTON
- LE JUGE
- RUÉE SUR L'OKLAHOMA
- L'ÉVASION DES DALTON
- EN REMONTANT LE MISSISSIPPI
- SUR LA PISTE DES DALTON
- À L'OMBRE DES DERRICKS
- LES RIVAUX DE PAINFUL GULCH
- BILLY THE KID
- LES COLLINES NOIRES
- LES DALTON DANS LE BLIZZARD
- LES DALTON COURENT TOUJOURS
- LA CARAVANE
- LA VILLE FANTÔME
- LES DALTON SE RACHÈTENT
- LE 20ÈME DE CAVALERIE
- L'ESCORTE
- DES BARBELÉS SUR LA PRAIRIE
- CALAMITY JANE
- TORTILLAS POUR LES DALTON

CHEZ LUCKY COMICS

- LA DILIGENCE
- LE PIED-TENDRE
- DALTON CITY
- JESSE JAMES
- WESTERN CIRCUS
- CANYON APACHE
- MA DALTON
- CHASSEUR DE PRIMES
- LE GRAND DUC
- LE CAVALIER BLANC
- L'HÉRITAGE DE RANTANPLAN
- LA GUÉRISON DES DALTON
- L'EMPEREUR SMITH
- LE FIL QUI CHANTE
- 7 HISTOIRES DE LUCKY LUKE
- LE MAGOT DES DALTON
- LA BALLADE DES DALTON ET AUTRES HISTOIRES
- LE BANDIT MANCHOT
- SARAH BERNHARDT
- LA CORDE DU PENDU
- DAISY TOWN
- FINGERS
- LE DAILY STAR
- LA FIANCÉE DE LUCKY LUKE
- NITROGLYCÉRINE
- LE RANCH MAUDIT
- L'ALIBI
- LE PONY EXPRESS
- L'AMNÉSIE DES DALTON
- CHASSE AUX FANTÔMES
- LES DALTON À LA NOCE
- LE PONT SUR LE MISSISSIPPI
- KID LUCKY
- BELLE STARR
- LE KLONDIKE
- O.K. CORRAL
- OKLAHOMA JIM
- MARCEL DALTON
- LE PROPHÈTE
- L'ARTISTE PEINTRE

SÉRIE RANTANPLAN
CHEZ LUCKY COMICS

- LA MASCOTTE
- LE PARRAIN
- RANTANPLAN OTAGE
- LE CLOWN
- BÊTISIER 1
- BÊTISIER 2
- LE FUGITIF
- BÊTISIER 3 : MIRAGE DANGEREUX
- LE MESSAGER
- LES CERVEAUX
- LE CHAMEAU
- BÊTISIER 4 : CHIEN DES CHAMPS
- LE GRAND VOYAGE
- BÊTISIER 5
- LA BELLE ET LE BÊTE
- BÊTISIER 6 : LE NOËL DE RANTANPLAN
- BÊTISIER 7 : SUR LE PIED DE GUERRE
- BÊTISIER 8 : CHIEN D'ARRÊT
- BÊTISIER 9 : MORTS DE RIRE

HORS COLLECTION

- LA BALLADE DES DALTON (L'ALBUM DU FILM)
- MORRIS VOUS APPREND À DESSINER LUCKY LUKE
- L'UNIVERS DE MORRIS
- LA FACE CACHÉE DE MORRIS
- TOUS À L'OUEST (L'ALBUM DU FILM)
- LE CUISINIER FRANÇAIS
- L'ART DE MORRIS

LUCKY LUKE VU PAR

- L'HOMME QUI TUA LUCKY LUKE (MATTHIEU BONHOMME)
- WANTED LUCKY LUKE (MATTHIEU BONHOMME)
- JOLLY JUMPER NE RÉPOND PLUS (GUILLAUME BOUZARD)
- LUCKY LUKE SE RECYCLE (MAWIL)
- CHOCO-BOYS (RALF KÖNIG)
- LES INDOMPTÉS (BLUTCH)

SÉRIE LES AVENTURES DE LUCKY LUKE
D'APRÈS MORRIS
CHEZ LUCKY COMICS

- LA BELLE PROVINCE
- LA CORDE AU COU
- L'HOMME DE WASHINGTON
- LUCKY LUKE CONTRE PINKERTON
- CAVALIER SEUL
- LES TONTONS DALTON
- LA TERRE PROMISE
- UN COW-BOY À PARIS
- UN COW-BOY DANS LE COTON
- L'ARCHE DE RANTANPLAN
- UN COW-BOY SOUS PRESSION

SÉRIE LES AVENTURES DE KID LUCKY
D'APRÈS MORRIS
CHEZ LUCKY COMICS

- L'APPRENTI COW-BOY
- LASSO PÉRILLEUX
- STATUE SQUAW
- SUIVEZ LA FLÈCHE

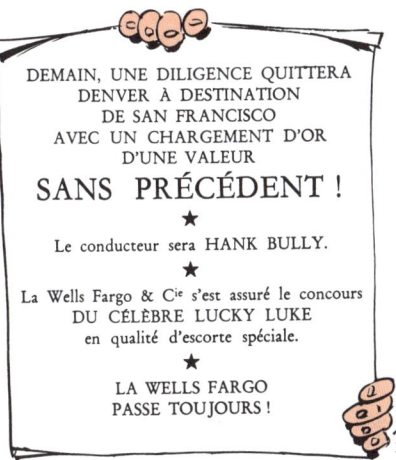

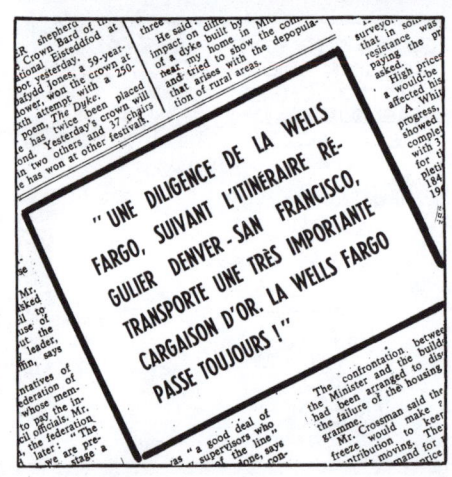

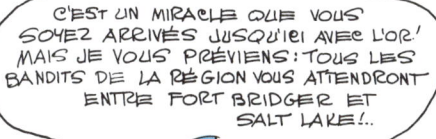

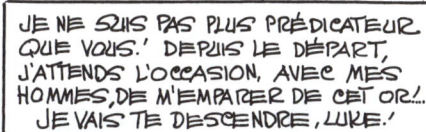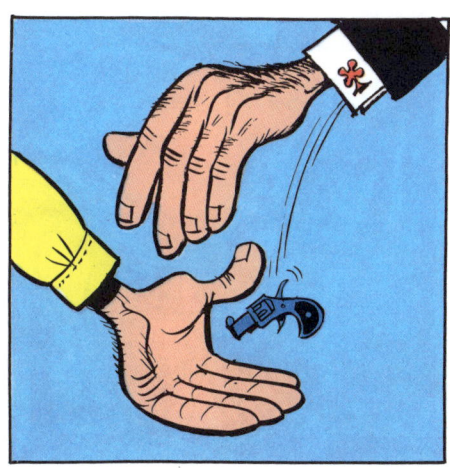

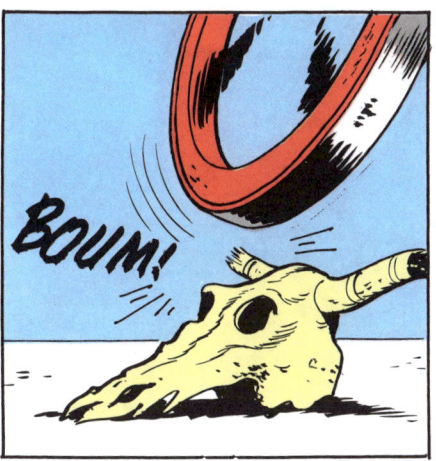

 BLACK BART (Charles E. Bolton)
Le fantôme-poète-détrousseur de diligences qui signait ses attaques en laissant dans les coffres vidés, des poèmes de son cru. Voici un échantillon de son étrange talent lyrique :

I've labored long and hard for bread,
For honor and for riches,
But on my corns too long you've tred,
You fine-haired sons of b...

Black Bart the Po-8

(*Longtemps j'ai peiné pour du pain,*
L'honneur et la richesse,
Mais vous m'avez trop marché sur les pieds,
Jolis fils de...)

Black Bart, le poète

© LUCKY COMICS 1974
DÉPÔT LÉGAL : AVRIL 1974
ISBN : 978-2884-71013-8

Tous droits de traduction, de reproduction et d'adaptation strictement réservés pour tous pays.
Imprimé sur un papier issu de forêts gérées durablement.
Imprimé et relié en août 2025 par PPO GRAPHIC — 10, rue de la Croix-Martre, 91120 Palaiseau, France